Helpwch eich Plentyn
Help Your Child

Taclo'r Treigladau
Tackling Mutations

Elin Meek

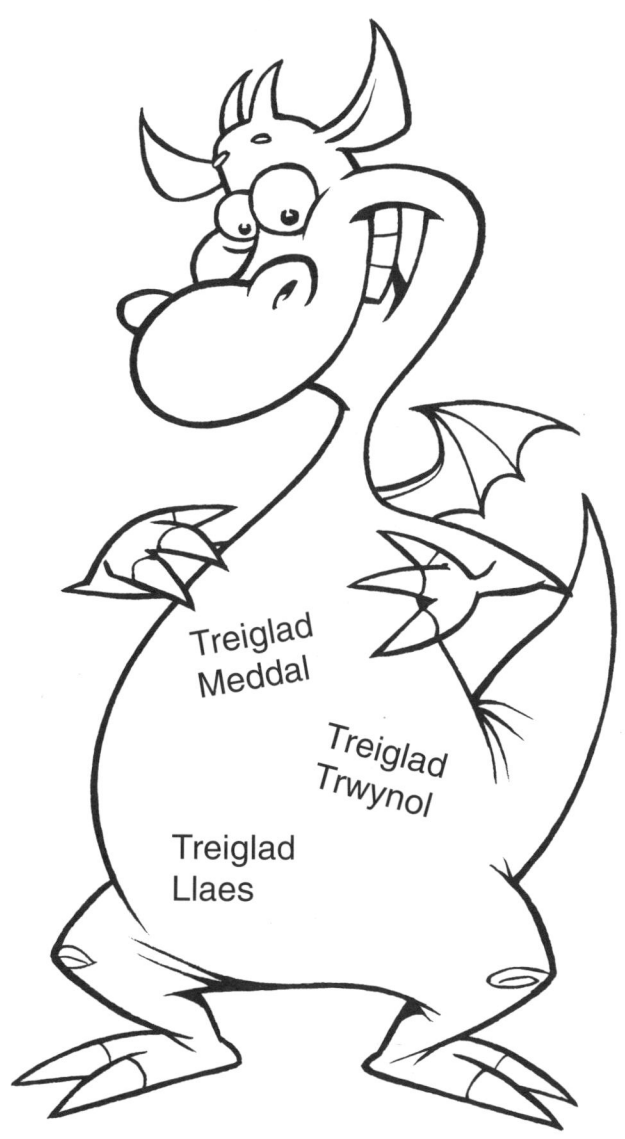

Lluniau gan Graham Howells

Gomer

Cynnwys

Argraffiad cyntaf – 2006

ISBN 1 84323 636 2

ⓒ y testun: Elin Meek
ⓒ y lluniau: Graham Howells

Dymuna'r cyhoeddwyr gydnabod cymorth Cyngor Llyfrau Cymru.

Argraffwyd gan Wasg Gomer, Llandysul, Ceredigion SA44 4JL
www.gomer.co.uk

Rhagair i Rieni

Dyma lyfr sy'n helpu eich plentyn i ddeall mwy am y treigladau. Mae wedi'i anelu at blant 9–11 oed i'w ddefnyddio heb ormod o gymorth gan y rhiant. Dyma'r prif elfennau sydd ynddo:

- gwybodaeth am y treigladau **mwyaf cyffredin**: meddal, trwynol a llaes
- gwybodaeth am genedl enwau (gwrywaidd/benywaidd) a sut mae hyn yn effeithio ar y treigladau
- ymarferion i ddangos rhai o'r treigladau mwyaf cyffredin
- geirfa lle mae treigladau'n digwydd
- adran ar rifau a threigladau

Mae'n bwysig iawn gyda'r cyfarwyddiadau a'r ymarferion yn y llyfr hwn fod eich plentyn yn eu **darllen yn uchel**, er mwyn **clywed** y treiglad bob tro. Canolbwyntiwch ar un treiglad ar y tro, gan edrych ar yr wybodaeth ar y treiglad cyn dewis a dethol yr ymarferion. Mae'n help i ddewis amser pan na fyddwch chi a'ch plentyn yn rhy flinedig. Bydd eich plentyn yn ymateb yn dda os byddwch yn gwneud y gweithgareddau'n hwyl a rhoi llawer o anogaeth a chanmoliaeth. Mae'r atebion yn yr adran 'Dwli's Help for Parents'. Ar y dudalen olaf mae sêr yn gysylltiedig a phob adran i'ch plentyn eu lliwio.

MWYNHEWCH!

Foreword for Parents

This is a book to help your child to understand more about mutations in Welsh. It is intended for use by children between 9 and 11 years of age without too much help from you as a parent. There is a language help box for those of you who are improving your Welsh at the end of every section. These are the main elements in the book:

- information about the most common mutations: soft, nasal and asphirate
- information about gender of nouns (masculine/feminine) and how this affects mutations
- exercises showing the most common mutations
- vocabulary incorporating mutations
- a section on numbers and mutations

It's important with the instructions and exercises in this book for your child to **read them aloud**. This will help him/her to **hear** the mutations. Concentrate on one mutation at a time: after working through the information on a particular mutation, you can then pick and choose which exercises you wish to do. It helps if you choose a time when you and your child aren't too tired. Your child will respond well if you make the activities fun and give him/her plenty of encouragement and praise. The last page of the book has stars linked to every section for your child to colour in as he/she works through them.

ENJOY!

Beth yw Treigladau?

Mae Dwli'n dweud:

Mae rhai **cytseiniaid** yn newid yn y Gymraeg. **Treiglad** yw'r enw ar y newid.

Wyt ti wedi sylwi ar y cytseiniaid yn treiglo?

e.e.   Dyma sut mae **t** yn newid yn y gair **te**:

Os oes syched arna i, dwi'n hoffi yfed **t**e.
Rwy'n mynd i **d**e at fy ffrind Elis.
Rhoddais siwgr yn **nh**e tad-cu.
Mae coffi a **th**e yn y cwpwrdd.

Byddwn ni'n edrych ar y tri gwahanol fath o dreiglad: treiglad **meddal**, treiglad **trwynol** a threiglad **llaes**.

1. Darllen y brawddegau hyn yn uchel. Chwilia am **un** gair sydd wedi'i dreiglo ym mhob brawddeg.

Gair sydd wedi'i dreiglo:

a.   Wyt ti'n mynd i ganu yn y neuadd?   ___ganu (canu)___

b.   Roedd halen a phupur ar y bwrdd.   _____

c.   Mae Stadiwm y Mileniwm yng Nghaerdydd.   _____

ch.   Cwympodd Siôn oddi ar y goeden.   _____

d.   Dwi wedi colli fy mag.   _____

dd.   Dyna drueni!   _____

e.   Mae Carys yn caru ei chath.   _____

f.   Merch garedig yw hi.   _____

ff.   Roedd Huw a'i frawd yn yr ysgol.   _____

g.   Dyma lun o chwaer Dafydd.   _____

ng.   Afal neu oren sydd orau gennyt ti?   _____

h.   Rhedodd dwy lygoden ar draws yr ystafell.   _____

i.   Cacen siocled yw hoff fwyd Rhys.   _____

j.   Prynodd Enfys gyfrifiadur newydd sbon.   _____

Dwli's help for parents:
What are Mutations?

Dwli says: Some consonants change in Welsh. Mutation is the name of this change. Have you noticed that consonants mutate? e.g. This is how **t** changes in the word **te** (tea):

If I'm thirsty, I like to drink tea.
I'm going for tea with my friend Elis.
I put sugar in grandad's tea.
There is tea and coffee in the cupboard.

We will be looking at three different types of mutations: soft mutations, nasal mutations and aspirate mutations.

1. Read these sentences out loud. Look for one mutated word in each sentence. Mutated word:

a. *Are you going to sing in the hall?* ganu (canu); b. *The salt and pepper were on the table.* phupur (pupur); c. *The Millenium Stadium is in Cardiff.* Nghaerdydd (Caerdydd); ch. *Siôn fell from the tree.* goeden (coeden); d. *I've lost my bag.* mag (bag); dd. *What a pity!* drueni (trueni); e. *Carys loves her cat.* chath (cath); f. *She is a kind girl.* garedig (caredig); ff. *Huw and his brother were at school.* frawd (brawd); g. *Here is a picture of Dafydd's sister.* lun (llun); ng. *Which do you prefer, an apple or an orange?* orau (gorau); h. *Two mice ran across the room.* lygoden (llygoden). i. *Rhys's favourite food is chocolate cake.* fwyd (bwyd). j. *Enfys bought a brand new computer.* gyfrifiadur (cyfrifiadur).

* Now colour the **Beth yw Treigladau?** star on page 48.

Nawr, lliwia'r seren â
Beth yw Treigladau?
arni ar dudalen 48.*

5

Y Treiglad Meddal

Mae Dwli'n dweud:

Darllen y tabl yn uchel i weld pa gytseiniaid sy'n treiglo'n feddal, a sut:

Cytsain	Yn treiglo'n feddal i	Enghraifft
p	b	**p**en > dy **b**en
t	d	**t**al > yn **d**al
c	g	**c**egin > y **g**egin
b	f	**b**wyta > i **f**wyta
d	dd	**d**arllen > wrth **dd**arllen
g	diflannu	**g**weld > i weld
m	f	**m**am > ei **f**am e
ll	l	**ll**yfr > dyna **l**yfr da
rh	r	**rh**edeg > i **r**edeg

Beth am ymarfer treiglo pob un o'r cytseiniaid hyn yn feddal? Cofia ddarllen yn uchel wrth dreiglo!

1. Treigla **p** yn feddal i **b**:

a. dy ___bêl___   b. y _____   c. un _____

2. Treigla **t** yn feddal i **d**:

   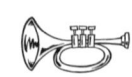   

a. y _____   b. dy _____   c. un _____

3. Treigla **c** yn feddal i **g**:

a. dwy _____   b. dy _____   c. y _____

4. Treigla **b** yn feddal i **f**:

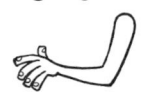      

a. y _____   b. dy _____   c. un _____

5. Treigla **d** yn feddal i **dd**:

a. dy _____

b. y _____

c. un _____

6. Treigla **g** yn feddal fel ei bod yn diflannu:

a. yr _____

b. dy _____

c. y _____

7. Treigla **m** yn feddal i **f**:

a. y _____

b. dy _____

c. dwy _____

8. Treigla **ll** yn feddal i **l**:

a. dy _____

b. dau _____

c. dwy _____

9. Treigla **rh** yn feddal i **r**:

a. dwy _____

b. dy _____

c. dau _____

DWLI'S HELP FOR PARENTS:
The Soft Mutation

Dwli says: Read the table aloud to see which consonants undergo soft mutation, and how this happens. Table: *Consonant / Soft mutation to / Example* How about practising soft mutation with these consonants? Remember to read aloud as you mutate!

1. Show how **p** undergoes soft mutation to **b**: a. dy bêl (*your ball*); c. y babell (*the tent*); ch. un bunt (*one pound*). 2. **t > d**: a. y darian (*the shield*); b. dy drwmped (*your trumpet*); c. un delyn (*one harp*). 3. **c > g**: a. dwy gloch (*two bells*); b. dy gi (*your dog*); c. y goeden (*the tree*). 4. **b > f**: a. y fraich (*the arm*); b. dy feic (*your bike*); c. un fuwch (*one cow*). 5. **d > dd**: a. dy ddwylo (*your hands*); b. y ddoli (*the doll*); c. un ddiod (*one drink*). 6. **g >** disappears: a. yr afr (*the goat*); b. dy wallt (*your hair*); c. y wrach (*the witch*). 7. **m > f**: a. y falwoden (*the snail*); b. dy fodrwy (*your ring*); c. dwy faneg (*two gloves*). 8. **ll > l** a. dy lyfr (*your book*); b. dau lew (*two lions*); c. dwy lwy (*two spoons*). 9. **rh > r**: a. dwy rwyd (*two nets*); b. dy raff (*your rope*); c. dau rosyn (*two roses*).

* Now, colour in the **Y Treiglad Meddal** star on page 48.

Nawr, lliwia'r seren â
Y Treiglad Meddal
arni ar dudalen 48.*

Treiglad Meddal: ar ôl **dy**

Mae Dwli'n dweud:

Mae treiglad meddal ar ôl **dy**: e.e. dy **b**en, dy _waith, dy **f**rawd.

1. Darllen y brawddegau hyn yn uchel a llenwa'r bylchau. Cofia dreiglo'n feddal!

a.   Wyt ti wedi gorffen darllen dy —————————?

b.   Hoffwn i ddod draw i chwarae yn dy —————————.

c.   Rwy'n credu bod dy —————————  ar y bwrdd yn barod.

ch. Mae dy ————————— yn llawn losin!

d.   Gwelais dy ————————— yn y parc neithiwr.

dd. Wyt ti wedi colli dy —————————?

e.   Rwy'n hoffi dy ————————— newydd yn fawr iawn.

f.   Rhoddais y llyfr yn dy —————————.

ff. Wyt ti wedi cribo dy ————————— y bore 'ma?

g.   Dal dy ————————— yn dynn!

8

Mae Dwli'n dweud:

Nid enwau'n unig sy'n treiglo ar ôl **dy**, ond **berfenwau** hefyd.

e.e. Mae Huw yn dy **b**oeni di drwy'r dydd.
(poeni)

2. Darllen y brawddegau hyn yn uchel a threigla'r berfenwau sydd yn y cromfachau.

a. Rwy'n gallu dy _____ (*clywed*) di'n iawn, ond dydw i ddim yn dy _____ (*deall*) di.

b. Rwy'n edrych ymlaen at dy _____ (*gweld*) di yn yr ysgol yfory.

c. Ydy Gruff wedi dy _____ (*bwrw*) di? Mae e'n dweud ei fod e eisiau dy _____ (*lladd*) di!

ch. Oes rhaid i mi dy _____ (*perswadio*) di i ddod i'r parti?

d. Mae Gwyn wedi dy _____ (*taclo*) di sawl gwaith wrth chwarae rygbi.

Nawr, lliwia'r seren â **Treiglad Meddal:** ar ôl **dy** arni ar dudalen 48.*

Treiglad Meddal: ar ôl i ac o

Mae Dwli'n dweud:

Mae treiglad meddal ar ôl yr arddodiaid **i** ac **o**.

e.e. 'Rwy'n teithio o Gaerdydd i Fangor weithiau.'

1. Edrych ar y map yma o Gymru. Yna, darllen y brawddegau'n uchel a llenwa'r bylchau.

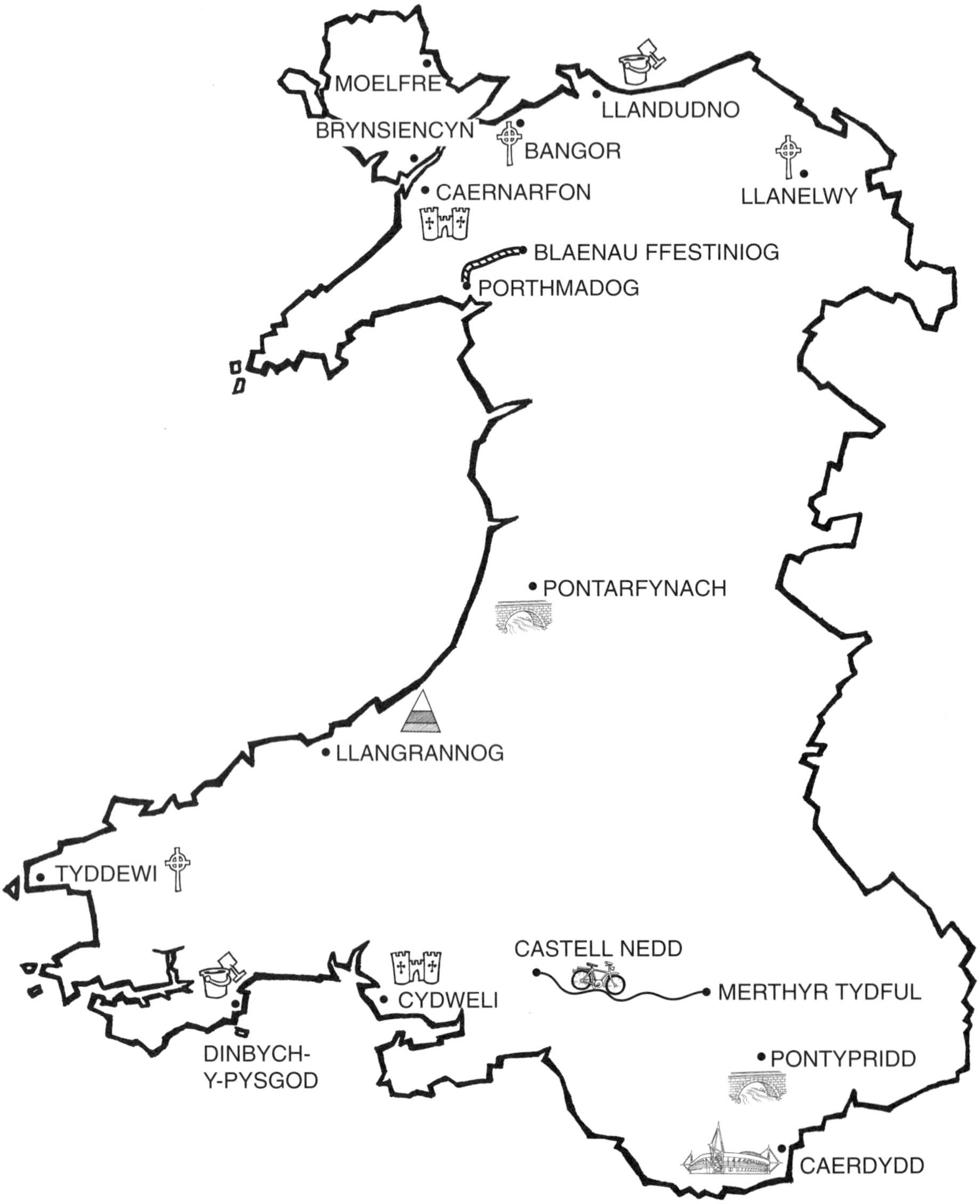

MOELFRE

BRYNSIENCYN

LLANDUDNO

BANGOR

CAERNARFON

LLANELWY

BLAENAU FFESTINIOG

PORTHMADOG

PONTARFYNACH

LLANGRANNOG

TYDDEWI

CASTELL NEDD

CYDWELI

MERTHYR TYDFUL

DINBYCH-
Y-PYSGOD

PONTYPRIDD

CAERDYDD

a.   Mae Dwli'n hoffi mynd i ——————————— i aros yng ngwersyll yr Urdd.

b.   Un tro, hedfanodd Dwli dros Ynys Môn, o ———————————

i ———————————.

c.   Bydd Dwli'n mynd i ——————————— i weld gêm rygbi cyn hir.

ch.   Mae Dwli'n hoffi teithio ar drenau stêm ac mae wedi bod ar y

rheilffordd o ——————————— i ———————————.

d.   Unwaith, penderfynodd Dwli fynd i weld rhai o eglwysi cadeiriol

Cymru, felly aeth o ——————————— i ———————————

ac i ———————————.

dd.   Hedfanodd Dwli ddoe o ——————————— i ———————————

i weld y ddau gastell enwog.

e.   Y llynedd, aeth Dwli ar gefn ei feic o ——————————— i

———————————.

f.   Mae Dwli'n hoffi pontydd, felly teithiodd o ——————————— i

——————————— i'w gweld.

ff.   Yr haf diwethaf roedd Dwli eisiau mynd i lan y môr, felly, aeth

o ——————————— i ———————————.

1. Beth mae Dwli'n mynd i'w wneud yfory? Darllen y brawddegau'n uchel, edrych ar y lluniau a llenwa'r bylchau. Darllen drwy'r cyfan ar y diwedd i wneud yn siŵr dy fod wedi treiglo'n gywir.

Yn gyntaf, mae Dwli'n mynd i __godi__ o'r gwely ac ymolchi. Yna, mae'n

mynd i _____  brecwast, a mynd i _____

ei ddannedd. Cyn gadael y tŷ, mae'n mynd i _____

ei gôt. Yn yr ysgol, mae Dwli'n mynd i _____ ei lyfr ac

mae'n mynd i _____ astud ar ei athro. Ar ôl cyrraedd

adref, mae Dwli'n mynd i _____ tenis gyda'i ffrind. Wedyn,

mae'n mynd i _____'r teledu cyn mynd i'r gwely.

Diwrnod prysur iawn!

DWLI'S HELP FOR PARENTS:
Soft Mutation: after i and o
Dwli says: There is a soft mutation after the prepositions **i** (to) and **o** (from): e.g. I sometimes travel from Cardiff to Bangor.
1. Look at this map of Wales. Then, read the sentences aloud and fill in the gaps. (When there are two or more place names, any order is correct).
a. *Dwli likes going to Llangrannog to stay in the Urdd camp.* (Langrannog); b. *Once, Dwli flew over Anglesey/Ynys Môn, from Moelfre to Brynsiencyn.* (Foelfre/ Frynsiencyn); c. *Dwli will be going to Cardiff soon to see a rugby match.* (Gaerdydd); ch. *Dwli likes travelling on steam trains and he's been on the railway from Blaenau Ffestiniog to Porthmadog.* (Flaenau Ffestiniog, Borthmadog); d. *Once, Dwli decided to go to see some of the cathedrals of Wales, so he went from St David's to Bangor and to St Asaph.* (Dyddewi, Fangor, Lanelwy); dd. *Yesterday Dwli flew from Caernarfon to Cydweli to see the two famous castles.* (Gaernarfon, Gydweli); e. *Last year, Dwli cycled from Neath to Merthyr Tudfil.* (Gastell Nedd, Ferthyr Tudful); f. *Dwli likes bridges, so he travelled from Pontypridd to Devil's Bridge to see them.* (Bontypridd, Bontarfynach); ff. *Last summer Dwli wanted to go to the seaside, so he went from* (Landudno, Ddinbych-y-Pysgod).
2. What is Dwli going to do tomorrow? Read the sentences aloud, look at the pictures and fill in the gaps. Read through your work at the end to make sure that you've mutated correctly.
First of all, Dwli's going to get up from bed and wash. Then he's going to eat breakfast (fwyta) and then he's going to brush his teeth (frwsio). Before leaving the house, he's going to put on his coat (wisgo). In school, Dwli's going to read his book (ddarllen) and then he's going to listen carefully to his teacher (wrando). After getting home, Dwli's going to play tennis with his friend (chwarae tenis). Then, he's going to watch TV before going to bed (wylio). A very busy day!
* Now, colour in the **Treiglad Meddal:** ar ôl **i** ac **o** star on page 48.

Nawr, lliwia'r seren â
Treiglad Meddal:
ar ôl **i** ac **o** arni
ar dudalen 48.*

Treiglad Meddal: ar ôl
ei / ’i / ’w (gwrywaidd)

Mae Dwli’n dweud:

Mae treiglad meddal ar ôl **ei** / ’i / ’w os yw’n cyfeirio at **fachgen** neu enw **gwrywaidd**.

e.e. Mae Dylan yn dweud bod rhywun wedi dwyn ei **f**eic e.
Gwelais Rhodri a’i **g**i’n mynd am dro.
Mae Ieuan wedi gofyn i mi fynd i’w **d**ŷ.

1. Mae popeth sydd fan hyn yn perthyn i Dyfrig, ffrind Dwli. Edrych ar y lluniau, a threigla’n feddal ar ôl **ei** bob tro.

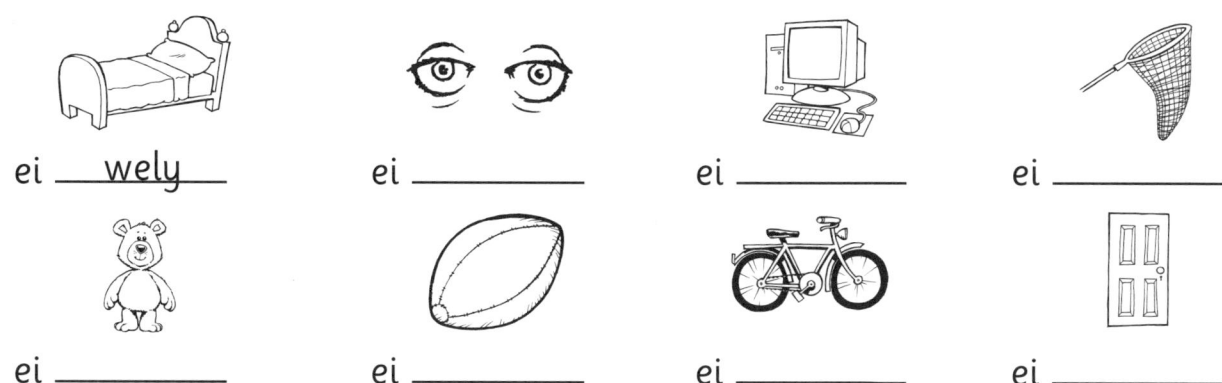

ei __wely__   ei _____   ei _____   ei _____

ei _____   ei _____   ei _____   ei _____

2. Darllen y darn hwn yn uchel a llenwa’r bylchau’n gywir gan dreiglo’r geiriau mewn *italig* yn feddal os oes angen. Mae’r bwlch cyntaf wedi’i lenwi.

Gofynnodd Dyfrig i’w __fam__ (*mam*) a’i _____ (*tad*) a allai fynd ar daith gerdded. Roedden nhw’n fodlon iddo fynd. Felly, yr wythnos ganlynol, aeth Dyfrig gyda’i _____ (*dosbarth*) yn cario’i _____ (*bag*) a’i _____ (*pecyn bwyd*). Roedd rhaid cerdded yn bell a chyn hir teimlai Dyfrig ei _____ (*traed*) yn brifo. Ond wedi i Dyfrig fwyta’i _____ (*bwyd*) ac yfed ei _____ (*diod*) amser cinio roedd yn teimlo’n well. Erbyn pen y daith, gallai Dyfrig weld ei _____ (*rhieni*) yn disgwyl amdano ger yr ysgol. Ffarweliodd Dyfrig â’i _____ (*ffrindiau*) ac yna aeth yn ôl i’w _____ (*cartref*) yn yr ogof. Ar ôl cael ei _____ (*pryd*) o fwyd, aeth Dyfrig yn syth i’w _____ (*gwely*).

3. Beth rwyt ti'n gallu'i wneud gyda phob un o'r pethau sydd yma? Enwau **gwrywaidd** ydyn nhw, felly bydd angen treiglo'r berfenwau'n feddal ar ôl **ei**. Mae dwy enghraifft wedi'u gwneud yn barod i ti.

prynu: Rwyt ti'n gallu ei brynu e.

cario: Rwyt ti'n gallu ei gario e.

darllen: _____

rhwygo: _____

tyfu: _____

dyfrio: _____

torri: _____

bwyta: _____

DWLI'S HELP FOR PARENTS:
Soft Mutation: after ei / 'i / 'w
Dwli says: There is a soft mutation after **ei / 'i / 'w** (his, him, its, it) if it refers to a boy or a **masculine** noun. e.g. Dylan says that someone has stolen his bike. I saw Rhodri and his dog going for a walk. Ieuan has asked me to go to his house.

1. Everything here belongs to Dyfrig, Dwli's friend. Look at the pictures, and remember the soft mutation after **ei** each time. ei wely (_his bed_); ei lygaid (_his eyes_); ei gyfrifiadur (_his computer_); ei rhwyd (_his net_); ei tedi (_his teddy_); ei bêl (_his ball_); ei feic (_his bike_); ei ddrws (his door).

2. Read this paragraph aloud and fill in the gaps correctly. The words in italic might have to undergo soft mutation. The first gap has been filled for you.
Dyfrig asked his mother and his father (dad) whether he could go on a walk. They were willing for him to go. So, the following week, Dyfrig went with his class (ddosbarth) carrying his bag (fag) and his packed lunch (becyn bwyd). They had to walk far and soon Dyfrig felt his feet (draed) hurting. But after Dyfrig had eaten his food (fwyd) and drunk his drink (ddiod) at lunchtime, he felt better. By the end of the walk, Dyfrig could see his parents (rieni) waiting for him at the school. Dyfrig said goodbye to his friends (ffrindiau) and then went back to his home (gartref) in the cave. After having his meal (bryd), Dyfrig went straight to his bed (wely).

3. What can you do with each of these things? They are **masculine** nouns, so you will have to remember the soft mutation after **ei**. Two examples have already been done for you. Bag: _you can buy it; you can carry it_. Newspaper: _rwyt ti'n gallu ei ddarllen e_ (you can read it); _rwyt ti'n gallu ei rwygo e_ (you can rip it up). Flower: _rwyt ti'n gallu ei dyfu e_ (you can grow it); _rwyt ti'n gallu ei ddyfrio e_ (you can water it). Apple: _rwyt ti'n gallu ei dorri e_ (you can cut it up); _rwyt ti'n gallu ei fwyta e_ (you can eat it).

* Now, colour in the **Treiglad Meddal: ar ôl ei / 'i / 'w** (gwrywaidd) star on page 48.

Nawr, lliwia'r seren â **Treiglad Meddal:** ar ôl **ei / 'i / 'w** (gwrywaidd) arni ar dudalen 48.*

Treiglad Meddal: ar ôl rhai **arddodiaid**

Mae Dwli'n dweud:

Mae treiglad meddal yn digwydd ar ôl yr arddodiaid hyn:

am, **ar**, **at**,
dan, **dros**, **drwy**,
heb, **i**, **o**,
wrth, **gan**, **hyd**.

Dysga'r rhestr hon!

Mae ymarferion treiglo'n feddal ar ôl **i** ac **o** ar dudalennau 10 a 11.

1. Edrych ar y lluniau, darllen y geiriau'n uchel, llenwa'r bylchau a chofia dreiglo'n feddal ar ôl yr arddodiaid.

ar fwrdd _____

dan _____

dros _____

drwy _____

hyd _____

at _____

wrth _____

heb _____

am _____

Mae Dwli'n dweud:

Mae llawer o arddodiaid yn dilyn berfenwau: e.e. gwrando **ar**, cofio **am**. Mae angen treiglo'n feddal ar ôl yr arddodiaid hyn bob tro!

2. Darllen y brawddegau hyn yn uchel a llenwa'r bylchau â'r geiriau mewn *italig*. Cofia dreiglo'n feddal! e.e. Rhaid gwrando ar **bopeth** (*popeth*) mae fy athrawes yn ei ddweud.

a.   Rwy'n mwynhau chwarae rygbi, a hoffwn chwarae dros _____. (*Cymru*)

b.   Dywedais wrth _____ (*brawd*) fy ffrind ble roedd y bêl.

c.   Dylai pawb boeni am _____ (*dyfodol*) y byd.

ch. Mae athrawon yn rhoi'r bai ar _____ (*rhai*) plant bob amser.

d.   Rhaid ceisio prynu bwyd gan _____ (*pobl*) leol.

dd. Roedd y ffermwr yn chwilio am _____ (*mochyn*) oedd ar goll.

DWLI'S HELP FOR PARENTS:

Soft Mutation: after some prepositions

Dwli says: There is a soft mutation after these prepositions. Learn this list! There are exercises for soft mutation after **i** and **o** on pages 10 and 11.

1. Look at the pictures, read the words aloud, fill in the gaps and remember the soft mutation after the preposition.

ar fwrdd (*on a table*); dan bont (*under a bridge*); dros fynydd (*over a mountain*); drwy dwnnel (*through a tunnel*); hyd lwybr (*along a path*); at ddrws (*up to a door*); wrth goeden (*by/next to a tree*); heb bensil (*without a pencil*); am bunt (*for a pound*).

Dwli says: Many prepositions follow verb-nouns: e.e. listen to, remember about. You need to remember the soft mutation after these prepositions every time!

2. Read these sentences aloud and fill in the gaps with the words in *italic*. Remember the soft mutation! e.g. One has to listen to everything my teacher says.

a. *I enjoy playing rugby, and I'd like to play for Wales.* (Gymru); b. *I told my friend's brother where the ball was.* (frawd); c. *Everyone should be concerned about the future of the world.* (ddyfodol); ch. *Teachers always blame some children.* (rai); d. *We should try and buy food produced by local people.* (bobl); dd. *The farmer was looking for a missing pig.* (fochyn).

* Now, colour in the **Treiglad Meddal:** ar ôl rhai **arddodiaid** star on page 48.

Nawr, lliwia'r seren â **Treiglad Meddal:** ar ôl rhai **arddodiaid** arni ar dudalen 48.*

Treiglad Meddal ar ôl:
Rhaid i mi . . .; Cyn i mi . . .; Ar ôl i mi . . .; Rhag ofn i mi . . .; Er mwyn i mi . . .

Mae Dwli'n dweud:

Rhaid treiglo'n feddal ar ôl:
Rhaid i mi / Cyn i mi / Ar ôl i mi / Rhag ofn i mi / Er mwyn i mi

e.e. Rhaid i mi **g**ofio gwneud y gwaith cartref.
Gallwn newid y person – e.e. Cyn i **ti,** Ar ôl iddo **fe,** Rhag ofn **iddyn nhw** – ond rhaid treiglo'n feddal ar ôl y rhain i gyd. e.e. Cyn i **ni f**ynd, rhaid i **chi d**acluso'r ystafell.

1. Dyma nifer o bethau rwyt ti'n eu gwneud yn ystod y diwrnod ysgol:

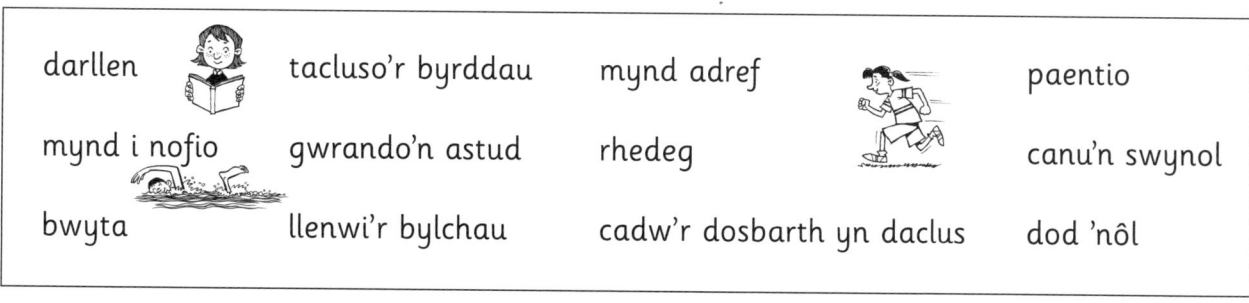

darllen	tacluso'r byrddau	mynd adref		paentio
mynd i nofio	gwrando'n astud	rhedeg		canu'n swynol
bwyta	llenwi'r bylchau	cadw'r dosbarth yn daclus		dod 'nôl

Darllen y paragraff hwn yn uchel, a llenwa'r bylchau ag un o'r geiriau yn y blwch bob tro. Cofia dreiglo'n feddal!

Bob dydd, mae'r dosbarth yn mynd i'r gwasanaeth. Mae'n rhaid i ni

_____. Wedyn, bydd yr athro'n siarad a rhaid i ni

_____. Weithiau bydd e'n rhoi brawddegau i ni gyda geiriau

ar goll, ac ar ôl i ni _____, rhaid i ni _____ llyfr

yn dawel. Cyn i ni _____ cinio, mae bws yn dod er mwyn i

ni _____ yn y pwll. Ar ôl cael bwyd, rhaid i ni _____

ar y buarth. Cyn i ni _____ ar ddiwedd y dydd, rhaid i ni

_____ llun ac, wrth gwrs, rhaid i ni _____ bob

amser er mwyn i ni _____!

2. Ateb y cwestiynau hyn, gan ddefnyddio **Rhag ofn i mi + berfenw**. Mae syniadau i ti yn y blwch, a chofia dreiglo'n feddal! e.e. Pam rwyt ti'n dysgu nofio? **Rhag ofn i mi** foddi.

colli un het	cysgu'n hwyr	mynd ar goll

a. Pam rwyt ti'n darllen y map?

_____

b. Pam rwyt ti wedi prynu cloc larwm?

_____

c. Pam mae dwy het gyda ti?

_____

Nawr, lliwia'r seren
â **Treiglad Meddal**
ar ôl: **Rhaid i mi;
Cyn i mi; Ar ôl i mi;
Rhag ofn i mi;
Er mwyn i mi** arni
ar dudalen 48.*

Treiglad Meddal: ansoddair ar ôl **yn** / **'n**

Mae Dwli'n dweud:

> Mae pob ansoddair sy'n dechrau â **p**, **t**, **c**, **b**, **d**, **g**, **m** yn treiglo'n feddal ar ôl **yn** neu **'n**.

e.e. Mae Dyfrig yn **g**aredig ac mae Dela'n **b**rydferth.
Ond, dydy ansoddeiriau sy'n dechrau â **ll** a **rh** *ddim* yn treiglo.

1. Dyma nifer o ansoddeiriau sy'n disgrifio Dwli.

~~dewr~~	barus	cryf	parod
llawen	gofalus	mentrus	doniol

Edrych ar y lluniau ac ysgrifenna frawddeg o dan bob llun: Mae Dwli'n . . .
Cofia dreiglo **p**, **t**, **c**, **b**, **d**, **g**, **m**.

a.   Mae Dwli'n __ddewr__

b.   _____

c.   _____

ch. _____

d.   _____

dd. _____

e.   _____

Mae Dwli'n dweud:

Ansoddeiriau yw **lliwiau** hefyd. Felly, cofia dreiglo **p**, **t**, **c**, **b**, **d**, **g**, **m** ar ôl 'yn'/ 'n –

e.e. Mae Dwli'n goch.

2. Darllen y brawddegau hyn yn uchel a llenwa'r bylchau â'r lliwiau cywir. Treigla'n feddal os oes angen.

a.   Mae'r haul yn —————— a'r glaswellt yn ——————.

b.   Mae boncyff y goeden yn ——————.

c.   Mae'r glo'n —————— a fflamau'r tân yn ——————.

3. Mae Dwli eisiau i ti farcio'r brawddegau hyn. Weithiau, mae Dwli wedi anghofio treiglo ansoddair yn feddal ar ôl 'yn'. Ticia ✓ os yw'r frawddeg yn gywir neu rho groes ✗ os yw hi'n anghywir ac ysgrifenna hi'n gywir.

a.   Mae hi'n tywyll yn y nos.   ☐   ——————————

b.   Mae Ffion, fy ffrind yn brydferth.   ☐   ——————————

c.   Rwy'n hoffi anifeiliaid sy'n blewog.   ☐   ——————————

DWLI'S HELP FOR PARENTS:
Dwli says: Every adjective beginning with **p**, **t**, **c**, **b**, **d**, **g**, **m** has a soft mutation after **yn** or **'n** e.g. Dyfrig is kind and Dela is beautiful.
But adjectives beginning with **ll** and **rh** *don't* have a soft mutation.
1. Here are a number of adjectives describing Dwli. Words in box: dewr (*brave*), barus (*greedy*), cryf (*strong*), parod (*ready*), llawen (*happy*), gofalus (*careful*), mentrus (*daring*), doniol (*funny*).
Look at the pictures and write a sentence under each one: Mae Dwli'n . . . (Dwli is . . .)
Remember the soft mutation with **p**, **t**, **c**, **b**, **d**, **g**, **m**.
a. (Dwli is brave); b. Mae Dwli'n gryf (*Dwli is strong*); c. Mae Dwli'n ddoniol (*Dwli is funny*); ch. Mae Dwli'n llawen (*Dwli is happy* – no mutation, ll); d. Mae Dwli'n fentrus (*Dwli is daring*); dd. Mae Dwli'n ofalus (*Dwli is careful*); e. Mae Dwli'n barod (*Dwli's ready*).
Dwli says: **Colours** are also adjectives. So remember the soft mutation to **p**, **t**, **c**, **b**, **d**, **g**, **m** after **yn** or **'n** e.g. Dwli is red.
2. Read these sentences aloud and fill in the gaps with the correct colours. Use the soft mutation if necessary. a. *The sun is yellow and the grass is green.* (felyn, wyrdd); b. *The tree trunk is brown.* (frown); c. *Coal is black and the flames of the fire are red.* (ddu, goch).
3. Dwli wants you to mark these sentences. Sometimes, Dwli has forgotten that there is a soft mutation with adjectives after **yn**. Tick the sentence if it's correct or put a cross if it's wrong and then write it out correctly. a. *It's dark at night.* ✗ Mae'n **d**ywyll yn y nos; b. *Ffion, my friend, is beautiful.* ✓; c. *I like animals that are fluffy.* ✗ Rwy'n hoffi anifeiliaid sy'n **f**lewog.
* Now, colour in the **Treiglad Meddal:** ansoddair ar ôl **yn / 'n** star on page 48.

Nawr, lliwia'r seren â **Treiglad Meddal:** ansoddair ar ôl **yn / 'n** arni ar dudalen 48.*

Treiglad Meddal: **enw** ar ôl **yn**

Mae Dwli'n dweud:

Mae **enwau** yn treiglo'n feddal
ar ôl **yn** / **'n**

e.e. Mae Dwli'n **dd**raig dda iawn.
Mae **p**, **t**, **c**, **b**, **d**, **g**, **m** yn treiglo'n feddal ond dydy **ll** a **rh** ddim y tro hwn.

1. Beth yw gwaith y bobl hyn? Edrych ar y llun ac ysgrifenna frawddeg:
   Mae e'n + enw'r swydd neu **Mae hi'n** + enw'r swydd.
   Cofia dreiglo enw'r swydd yn feddal!

a.　　　　　　　　　　　Mae e'n **b**êl-droediwr.

b.　　　　　　　　_____

c.　　　　　　　　_____

ch.　　　　　　　_____

d.　　　　　　　　_____

Mae Dwli'n dweud: Cofia mai dim ond **enwau** ac **ansoddeiriau** sy'n treiglo ar ôl **yn**/**'n**.
Dydy berfenwau *ddim* yn treiglo ar ôl **yn**/**'n**. e.e. Mae Dwli'n darllen. Rwy'n gweithio.

DWLI'S HELP FOR PARENTS:
Dwli says: Every **noun** beginning with **p**, **t**, **c**, **b**, **d**, **g**, **m** has a soft mutation after **yn** or **'n** e.g. Dwli's a very good dragon. But nouns beginning with **ll** and **rh** don't have a soft mutation.
1. What is these people's work? Look at the picture and write a sentence: He's a . . . (name of job) or She's a + (name of job). Remember the soft mutation with the name of the job!
a. *He's a footballer*; b. Mae hi'n feddyg. (*She's a doctor*); c. Mae e'n yrrwr tacsi. (*He's a taxi driver*); ch. Mae e'n ddyn tân. (*He's a fireman*); d. Mae hi'n blismones. (*She's a policewoman*).
Dwli says: Remember that only nouns and adjectives mutate after **yn** or **'n**. Verb-nouns *don't* mutate after **yn** / **'n**. e.g. Dwli's reading. I'm working.
* Now, colour in the **Treiglad Meddal: enw** ar ôl **yn** star on page 48.

Nawr, lliwia'r seren â
**Treiglad Meddal:
enw** ar ôl **yn**
arni ar dudalen 48.*

Treiglad Meddal:
enw benywaidd unigol
ar ôl y fannod (y / yr / 'r)

Mae enwau'n gallu bod yn **wrywaidd** neu'n **fenywaidd** yn y Gymraeg –

e.e. Mae 'bachgen' yn **wrywaidd** ond mae 'merch' yn **fenywaidd**.

Mae pob enw benywaidd unigol yn treiglo'n feddal ar ôl y fannod (**y** / **'r**).

e.e. merch – y **f**erch – ond  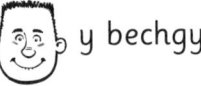 y merched (dim treiglad, mae'n enw lluosog).

Dyma'r llythrennau sy'n treiglo'n feddal ar ôl y fannod: **p**, **t**, **c**, **b**, **d**, **g**, **m**.
Dydy **ll** a **rh** ddim yn treiglo.

Dydy enwau gwrywaidd **ddim** yn treiglo'n feddal ar ôl y fannod:

e.e. bachgen – y bachgen  y bechgyn.

Mae'n amlwg fod 'merch' yn fenywaidd a 'bachgen' yn wrywaidd. Ond beth am 'cyfrifiadur' a 'desg'? Os nad wyt ti'n siŵr, rhaid edrych yn y geiriadur – mae 'hwn' ar ôl enwau gwrywaidd a 'hon' ar ôl enwau benywaidd yn *Geiriadur Gomer i'r Ifanc*.
Mae'n bwysig gwybod beth yw cenedl yr enw er mwyn treiglo'n gywir.

Y cyfrifiadur hwn (gwrywaidd)   Y **dd**esg hon (benywaidd)

1. Edrych ar y lluniau hyn. **Enw benywaidd unigol** yw pob un o'r rhain, felly rhaid treiglo ar ôl 'y'. Cofia mai'r llythrennau **p**, **t**, **c**, **b**, **d**, **g**, **m** sy'n treiglo ar ôl y. Dydy **ll** a **rh** ddim yn treiglo fan hyn. Dilyn yr enghraifft a symud o gwmpas y cylch:

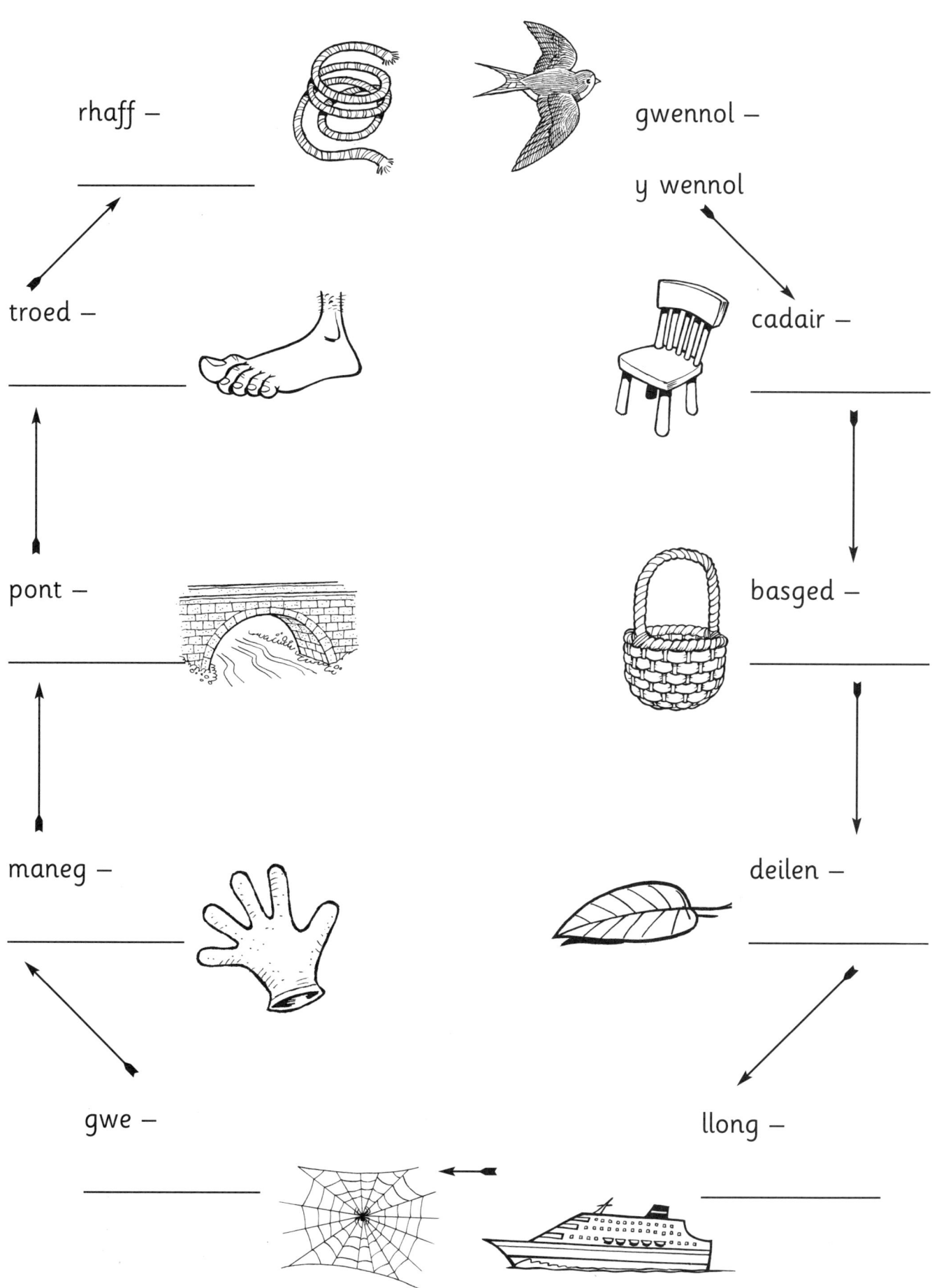

rhaff –

_____

gwennol –

y wennol

troed –

_____

cadair –

_____

pont –

_____

basged –

_____

maneg –

_____

deilen –

_____

gwe –

_____

llong –

_____

2. Darllen y paragraff hwn yn uchel a llenwa'r bylchau. Mae seren wrth yr enwau sy'n fenywaidd, felly cofia dreiglo'r enwau hyn ar ôl y fannod.

Rwy'n hoffi'r ___goeden___ (*coeden) sydd yn yr _____ (*gardd)

yn agos i'r _____ (tŷ). Bob dydd, mae'r _____ (*gwiwer)

yn rhedeg i fyny'r _____ (boncyff) ac ar hyd y _____

(*cangen) lle mae cnau'n hongian. Weithiau, bydd hi'n gollwng cneuen

ar y _____ (*porfa) ac yna'n neidio i lawr i guddio'r _____

(*cneuen) yn y _____ (*daear). Mae'r _____ (titw tomos

las) a'r _____ (*cnocell) yn dod hefyd i gael cnau. Felly, er ein

bod ni'n byw yn y _____ (*tref) ac yn agos iawn i'r _____

(*priffordd), mae'n teimlo'n union fel y _____ (*gwlad) oherwydd

bod anifeiliad ac adar yn dod i'r _____ (*coeden).

Nawr, lliwia'r seren â **Treiglad Meddal: enw benywaidd unigol** ar ôl y fannod **(y / yr / 'r)** arni ar dudalen 48.*

Treiglad Meddal:
enw benywaidd ar ôl un

Mae Dwli'n dweud:

Mae enwau benywaidd unigol yn dechrau â **p**, **t**, **c**, **b**, **d**, **g**, **m**, yn treiglo'n feddal ar ôl **un**.

e.e. un fuwch    un delyn   Dydy ll a rh ddim yn treiglo'n feddal fan hyn.

Felly un llaw   un rhwyd

1. Edrych ar y llun hwn. Gwna restr o'r holl bethau sydd yn y llun fel mae'r enghraifft yn dangos. Mae pob un o'r rhain yn enwau benywaidd unigol, felly cofia dreiglo'n feddal ar ôl **un**.

a.   un goeden

dd. _____

b.   _____

e.   _____

c.   _____

f.   _____

ch ._____

ff. _____

d.   _____.

g.   _____

25

2. Edrych ar y chwilair hwn. Mae'n llawn geiriau benywaidd unigol! Pan fyddi di wedi dod o hyd i'r gair, dilyn yr enghraifft gyntaf a chofia dreiglo'n feddal ar ôl un.

G	O	R	S	A	F	M	W	C	D	S	W	B	B	C
B	**A**	**S**	**G**	**E**	**D**	E	C	L	A	F	E	P	A	Y
T	F	E	R	A	D	L	O	Y	N	D	L	O	P	N
N	A	D	Ch	E	R	B	N	E	Ll	O	A	E	C	Ff
B	I	P	I	T	A	O	L	Y	N	E	D	I	F	O
U	S	L	A	N	T	R	U	N	Dd	O	Ll	E	R	N
I	E	G	Y	F	E	P	E	G	L	Y	S	T	R	U
N	T	N	R	M	T	W	T	C	N	T	W	R	E	D
L	H	N	P	T	G	D	O	N	N	E	P	L	A	L
D	G	D	E	O	R	T	B	U	G	B	Dd	L	B	Y
A	C	T	C	L	T	L	O	E	I	Y	R	S	I	N
L	P	F	B	Y	A	S	E	R	A	R	A	E	T	A
E	S	T	A	U	R	T	W	Y	R	D	G	C	A	U
N	I	L	N	A	U	E	N	T	R	O	H	R	N	M
C	Y	R	P	F	T	N	U	P	W	M	S	H	M	E

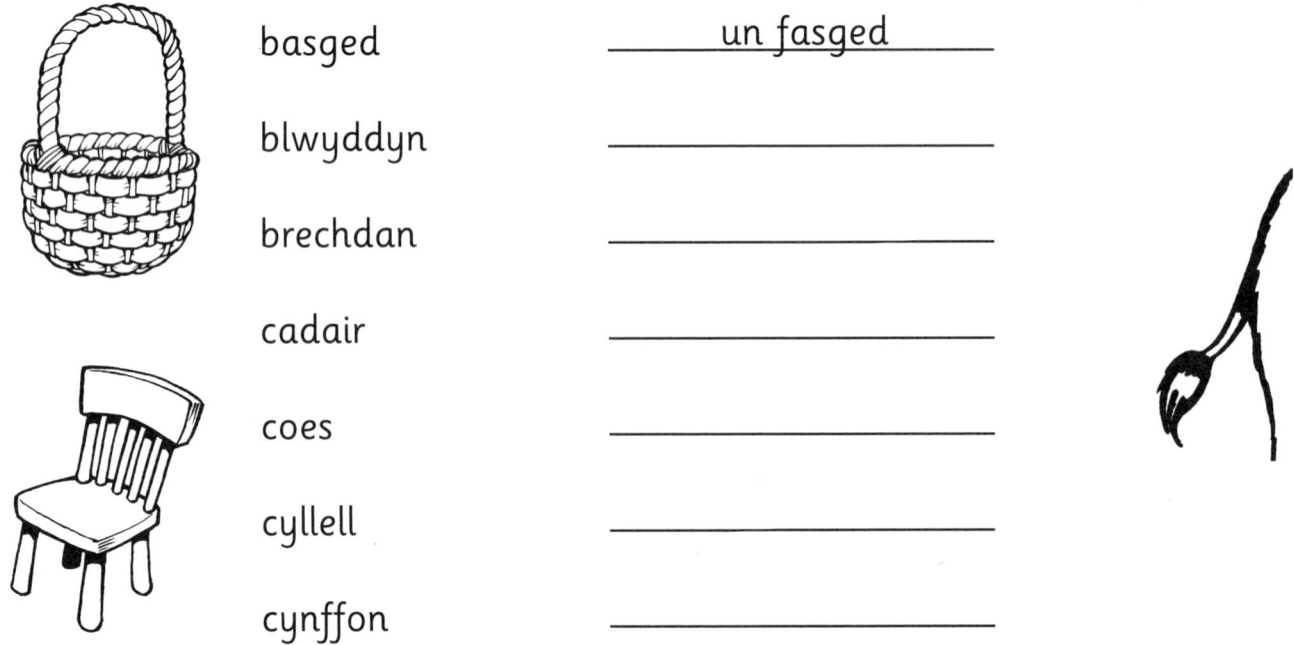

basged _____un fasged_____

blwyddyn _____

brechdan _____

cadair _____

coes _____

cyllell _____

cynffon _____

dalen   _____

deilen   _____

gardd   _____

gorsaf   _____

gwennol   _____

merlen   _____

modryb   _____

pedol   _____

pennod   _____

problem   _____

punt   _____

talent   _____

troed   _____

Nawr, lliwia'r seren â
**Treiglad Meddal:
enw benywaidd**
ar ôl **un** arni ar
dudalen 48.*

Treiglad Meddal: ansoddair ar ôl enw benywaidd unigol

Mae Dwli'n dweud:

Mae ansoddair yn treiglo'n feddal ar ôl enw benywaidd unigol:

e.e. *geneth **dd**a (*benywaidd unigol*) ond genethod da (*lluosog*)
OND: Dydy ansoddair ddim yn treiglo'n feddal ar ôl enwau gwrywaidd:
e.e. *hogyn da, hogiau da   * geneth = merch; hogyn = bachgen

1. Mae **enwau benywaidd unigol** yn y golofn ar y chwith, ac ansoddeiriau wedi'u treiglo'n barod yn y golofn ar y dde. Chwilia am y parau ac ysgrifenna nhw o dan y colofnau yn y bylchau parod, mewn pensil os nad wyt ti'n siŵr. Mae un enghraifft yno'n barod.

Enw benywaidd unigol	Ansoddair
a.	~~noson~~	gyffrous
b.	cath	gartrefol
c.	pennod	~~dywyll~~
ch.	ffordd	lawn
d.	ysgol	ddu
dd.	cystadleuaeth	brysur
e.	sach	gyfforddus
f.	ystafell	ddiddorol

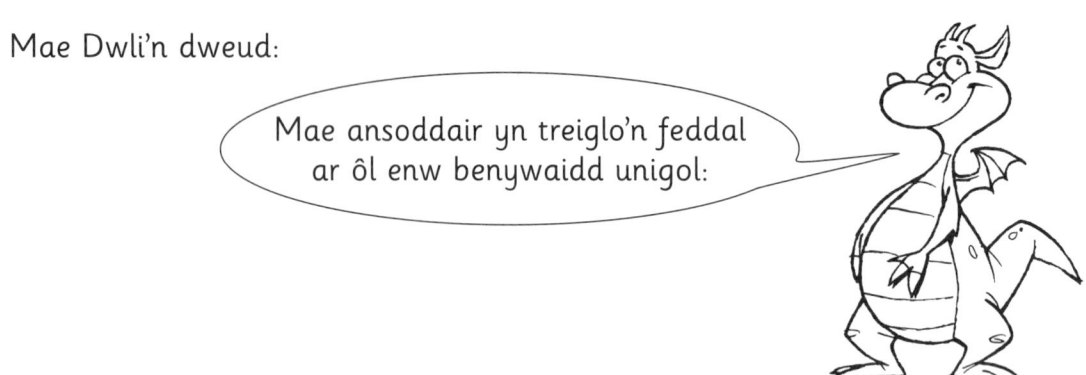

a. ___noson dywyll___   b. _____

c. _____   ch. _____

d. _____   dd. _____

e. _____   f. _____

2. Nawr, darllen y brawddegau hyn yn uchel a dewis un o atebion cwestiwn 1 bob tro i lenwi'r bylchau.

a. Dw i'n mynd i __ysgol gartrefol__ lle mae pawb yn adnabod ei gilydd.

b. Yn anffodus, mae gormod o geir yn ein tref ni ac rwy'n byw ar _____.

c. Mae rhai pobl yn dweud bod _____ yn dod â lwc dda.

ch. Bob Nadolig, bydd Siôn Corn yn dod â _____ o anrhegion.

d. Roedd y tri ffrind yn nofwyr da a bob blwyddyn roedd _____ rhyngddyn nhw.

dd. Alla i ddim aros cyn mynd adref i ddarllen _____ arall o nofel T. Llew Jones.

e. Mae cadair esmwyth a chlustogau yn fy ystafell wely, felly mae'n _____ iawn.

DWLI'S HELP FOR PARENTS:
Dwli says: Adjectives undergo a soft mutation after a feminine singular noun. e.g. a good girl (mutation – feminine singular) but good girls (no mutation – plural). BUT adjectives don't undergo a soft mutation after masculine nouns e.g. good boy, good boys. (geneth and hogyn are the words for boy (bachgen) and girl (merch) in North Wales).
1. There are **feminine singular nouns** in the left-hand column, and adjectives that have already been mutated in the right-hand column. Look for the pairs and write them underneath the columns in the gaps, in pencil if you're not sure. One example has been prepared. a. noson dywyll (*dark night*); b. cath ddu (*black cat*); c. pennod ddiddorol (*interesting chapter*); ch. ffordd brysur (*busy road*); d. ysgol gartrefol (*a homely school*); dd. cystadleuaeth gyffrous (*an exciting competition*); e. sach lawn (*a full sack*); f. ystafell gyfforddus (*a comfortable room*).
2. Now, read these sentences aloud and choose one of the answers to question 1 to fill the gap every time. a. *I go to a homely school where everyone knows each other*; b. *Unfortunately there are too many cars in our town and I live on a busy road* (ffordd brysur); c. *Some people say that a black cat brings good luck* (cath ddu); ch. *Every Christmas, Father Christmas brings a full sack of presents* (sach lawn); d. *The three friends were good swimmers and every year there was an exciting competition between them* (cystadleuaeth gyffrous); dd. *I can't wait to go home to read another interesting chapter from T. Llew Jones's novel* (pennod ddiddorol); e. *There's an easy chair and cushions in my room, so it's a very comfortable room* (ystafell gyfforddus).
* Now, colour in the **Treiglad Meddal: ansoddair** ar ôl **enw benywaidd unigol** star on page 48.

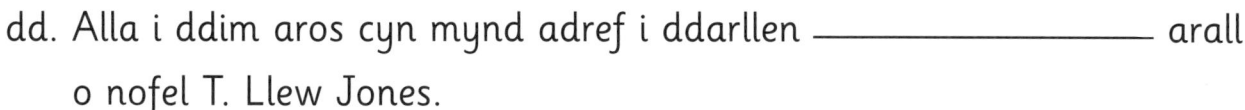

Nawr, lliwia'r seren â **Treiglad Meddal: ansoddair** ar ôl **enw benywaidd unigol** arni ar dudalen 48.*

Treiglad Meddal: ar ôl
dau a dwy

Mae Dwli'n dweud:

Rhaid treiglo'n feddal ar ôl 'dau' a 'dwy'.

e.e. dau **dd**isgybl   dwy **b**ennod

Mae **dau** yn cael ei ddefnyddio gydag enwau *gwrywaidd*, a **dwy** yn cael ei ddefnyddio gydag enwau *benywaidd*. Felly, mae'n bwysig gwybod beth yw *cenedl* yr enw er mwyn defnyddio **dau** neu **dwy** yn gywir. Mae 'hwn' ar ôl enwau gwrywaidd a 'hon' ar ôl enwau benywaidd yn *Geiriadur Gomer i'r Ifanc*.

1. Edrych ar y lluniau hyn. Ysgrifenna **dau** _____ neu **dwy** _____ o dan bob llun a threigla'n feddal os oes angen. Mae seren * wrth y llythyren os yw'r enw yn fenywaidd.

a. _____   *b. _____   *c. _____

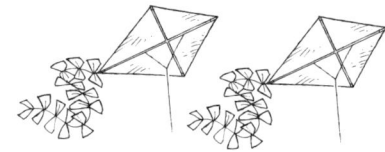      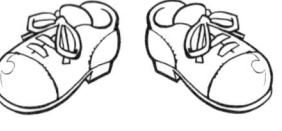

ch. _____   d. _____   *dd. _____

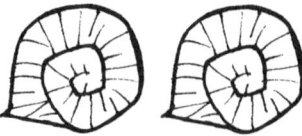      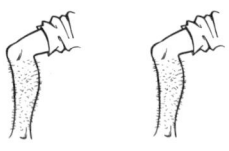

*e. _____   f. _____   *ff. _____

   # 200   # 2,000

*g. _____   ng. _____   *h. _____

2. Darllen y brawddega hyn yn uchel. Mae Dwli wedi rhoi gwall neu gamsyniad ym mhob un. Paid ag edrych ar yr atebion i gwestiwn 1 wrth wneud yr ymarfer hwn, i gael gweld faint wyt ti'n ei gofio! Ysgrifenna'r frawddeg gywir o dan yr un anghywir bob tro.

 a. Mae dwy fraich a dau goes gen i.

  _____

 b. Oes dwy cwningen yn y cae?

  _____

 c. Mae dau cant o blant yn yr ysgol.

  _____

 ch. Roedd dau fil o bobl yn gwylio'r gêm.

  _____

 d. Wnei di roi dau punt i mi?

  _____

DWLI'S HELP FOR PARENTS:
Dwli says: There is a soft mutation after **dau** and **dwy** (two – masculine and feminine forms). e.g. two pupils, two chapters.
Dau is used with *masculine* nouns, and **dwy** is used with *feminine* nouns. So it's important to know if a word is masculine or feminine in order to be able to mutate correctly. There is 'hwn' (*this*) after masculine nouns and 'hon' after feminine nouns in *Geiriadur Gomer i'r Ifanc*.
1. Look at these pictures. Write **dau** . . . or **dwy** . . . under each picture and mutate if necessary. There is a star* next to the letter if the word is a feminine one.
a. dau lew (*two lions*); b. dwy gwningen (*two rabbits*); c. dwy fraich (*two arms*);
ch. dau farcud (*two kites*); d. dwy bêl (*two balls*); dd. dwy esgid (*two shoes*);
e. dwy gragen (*two shells*); f. dau geffyl (*two horses*); ff. dwy goes (*two legs*);
g. dwy bunt (*two pounds*) ng. dau gant (*two hundred*); h. dwy fil (*two thousand*).
2. Read these sentences aloud. Dwli has put a mistake in each one. Don't look at the answers to question 1 when doing this exercise, to see how much you remember! Write the correct sentence next to the incorrect one each time. (Correct sentences shown)
a. Mae dwy fraich a dwy goes gen i. (*I have two arms and two legs*); b. Oes dwy gwningen yn y cae? (*Are there two rabbits in the field?*); c. Mae dau gant o blant yn yr ysgol. (*There are two hundred children in school*); ch. Roedd dwy fil o bobl yn gwylio'r gêm. (*There were two thousand people watching the game*); d. Wnei di roi dwy bunt i mi? (*Will you give me two pounds?*).
* Now, colour in the **Treiglad Meddal:** ar ôl **dau** a **dwy** star on page 48.

Nawr, lliwia'r seren â
Treiglad Meddal:
ar ôl **dau** a **dwy**
arni ar dudalen 48.*

Treiglad Meddal: gwrthrych ar ôl berfau cryno: gwelais, cafodd ac ati

Mae Dwli'n dweud:

Darllen y brawddegau hyn yn uchel a thanlinella'r treiglad meddal:

Gwelais geffyl yn y cae. Bwytaodd Huw frechdan.

Berfau cryno (byr) yw **gwelais** a **bwytaodd**. Pan fyddi di'n defnyddio berfau cryno, rhaid treiglo'r **gwrthrych** yn feddal. Y gwrthrych yw'r peth sy'n cael ei weld / cael ei fwyta – ceffyl a brechdan.

1. Edrych ar y lluniau, darllen y brawddegau'n uchel a llenwa'r bylchau fel bod pob brawddeg yn gwneud synnwyr. Cofia dreiglo'r gwrthrych yn feddal!

   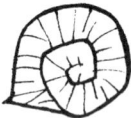  

a. Cafodd Aled _____ ar ei ben-blwydd.

b. Darllenais _____ cyfan neithiwr.

c. Gwelson ni _____ ar y môr ddoe.

d. Chwaraeoch chi _____ drwy'r prynhawn?

dd. Casglodd Siwan _____ ar y traeth.

Nawr, lliwia'r seren â **Treiglad Meddal: gwrthrych** ar ôl **berfau cryno: gwelais, cafodd ac ati** arni ar dudalen 48.*

Treiglad Meddal: Geirfa a'r treiglad meddal

Mae Dwli'n dweud:

Mae'n bosib rhoi rhai geiriau at ei gilydd i greu gair newydd.

e.e. gwyrdd + glas = gwyrddlas
Gair cyfansawdd yw'r enw ar y gair newydd **gwyrddlas**.
Wyt ti'n sylwi bod llythyren gyntaf **glas** wedi'i dreiglo'n feddal yn **gwyrddlas**?

1. Beth am greu rhagor o eiriau cyfansawdd? Cofia dreiglo llythyren gynta'r ail air yn feddal.

a.	melyn + coch	=	_____
b.	glas + du	=	_____
c.	ficer + tŷ	=	_____
ch.	bol + tew	=	_____
d.	rhew + cell	=	_____
dd.	môr + clawdd	=	_____
e.	tro + pwll	=	_____
f.	gaeaf + cysgu	=	_____
ff.	llwyd + gwyn	=	_____
g.	hir + cul	=	_____
ng.	croen + tenau	=	_____
h.	byr + coes	=	_____
i.	gwag + llaw	=	_____

2. Nawr, darllen y diffiniadau a dewis un o atebion cwestiwn 1 sy'n cyfateb i'r diffiniad bob tro.

a.   lle mae'r ficer yn byw

_____ficerdy_____

b.   cysgu am gyfnod hir yn y gaeaf

_____

c.   lliw'r haul yn machlud

_____

ch. heb ddim i'w roi i neb, â dwylo gwag

_____

d.   lliw gwallt hen berson

_____

dd. lliw clais

_____

e.   ansoddair i ddisgrifio rhywun tew

_____

f.   math o gwpwrdd ar gyfer rhewi bwyd a'i gadw

_____

g.   ansoddair i ddisgrifio coridor neu dwnnel

_____

ng. dŵr sy'n troi ac yn tynnu pethau i mewn iddo weithiau

_____

Nawr, lliwia'r seren â **Geirfa a'r treiglad meddal** arni ar dudalen 48.*

Y Treiglad Trwynol

Mae Dwli'n dweud:

Darllen y tabl yn uchel i weld pa gytseiniaid sy'n treiglo'n drwynol, a sut:

Cytsain	Yn treiglo'n drwynol i	Enghraifft
p	mh	**p**en > fy **mh**en
t	nh	**t**rwyn > fy **nh**rwyn
c	ngh	**c**eg > fy **ngh**eg
b	m	**b**ys > fy **m**ys
d	n	**d**ant > fy **n**ant
g	ng	**g**ên > fy **ng**ên

Nawr darllen yr enghreifftiau – fy mhen, fy nhrwyn ac ati yn y tabl, gan ddal dy drwyn â'th fawd a'th fys. Wyt ti'n gallu teimlo'r treiglad trwynol?

Os edrychi di ar y tair cytsain gyntaf – p, t, c, – fe weli di fod 'h' pan fyddan nhw'n cael eu treiglo'n drwynol. Ond does dim 'h' pan fydd b, d, g, yn treiglo'n drwynol.

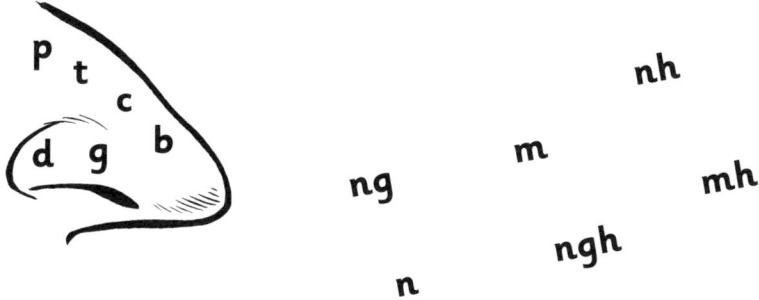

DWLI'S HELP FOR PARENTS:

Dwli says: Read the table aloud to see which consonants undergo a nasal mutation, and how this happens:

Table headings: *Consonant / Nasal mutation to / Example.* Examples are: *head > my head; nose > my nose; mouth > my mouth, finger > my finger; tooth > my tooth; chin > my chin.*

Now read the examples – my head, my nose etc. in the table, whilst holding your nose between thumb and index finger. Can you feel the nasal mutation?

If you look at the first three consonants: p, t, c, you will see that there is a 'h' when they undergo a nasal mutation. But there isn't a 'h' when b, d, g, undergo a nasal mutation.

* Now, colour in the **Y Treiglad Trwynol** star on page 48.

Nawr, lliwia'r seren â **Y Treiglad Trwynol** arni ar dudalen 48.*

Treiglad Trwynol: ar ôl **fy**

Mae Dwli'n dweud:

Mae treiglad trwynol bob amser ar ôl **fy**

e.e.   bag > fy **m**ag   gweld > mae e wedi fy **ng**weld

1. Mae Dwli wedi dechrau labelu'r llun yma, ond mae eisiau i ti orffen y gwaith.

fy nghorff

fy mhen

2. Mae angen gorffen labelu'r wyneb yma.

fy wyneb

fy ngwallt

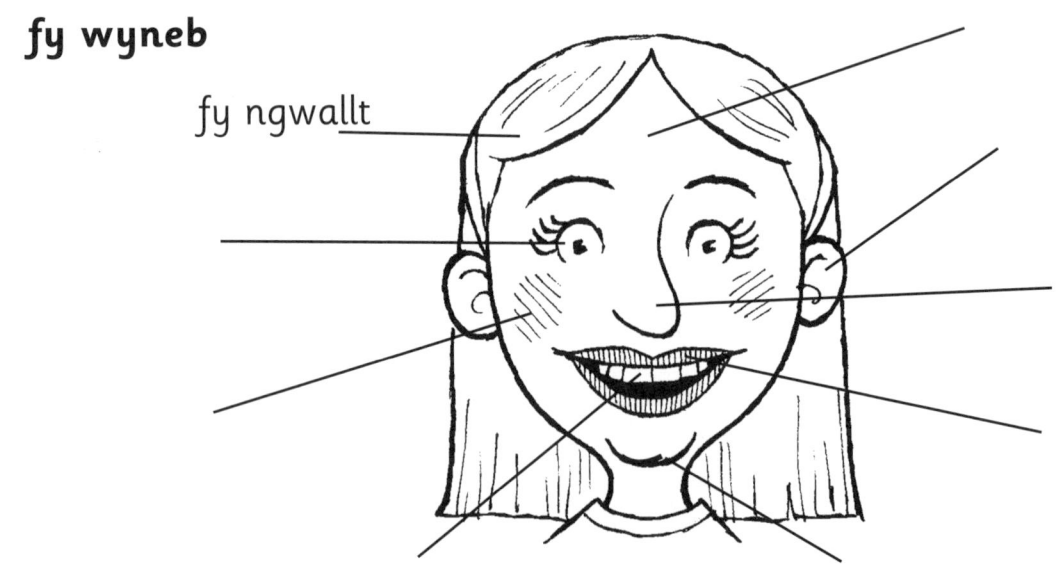

36

3. Edrych ar y lluniau hyn a gwna frawddegau fel yr enghraifft:

e.e. llun person yn cicio'r llall   Mae e wedi fy nghicio.

a.   Mae e wedi _____.

b.   _____.

c.   _____.

ch.   _____.

d.   _____.

dd.   _____.

DWLI'S HELP FOR PARENTS:

Dwli says: There is always a nasal mutation after **fy** (my, me).

e.g. *bag > my bag; see > he has seen me* (literally: *he has me see*).

1. Dwli has started to label this picture, but he wants you to finish the work off.
My body. My head – given as example. Others: fy nghoes (*my leg*); fy mraich
(*my arm*); fy nhroed (*my foot*); fy mhen-glin (*my knee*); fy ngwallt (*my hair*); fy
nghynffon (*my tail*); fy mhenelin (*my elbow*); fy nwylo (*my hands*); fy mol (*my belly*).
2. The labelling on this picture needs to be finished as well. **My face**. My hair
given as example. Others: fy nhalcen (*my forehead*); fy nghlust (*my ear*); fy nhrwyn
(*my nose*); fy ngwefusau (*my lips*); fy moch (*my cheek*); fy ngên (*my chin*); fy llygad
(*my eyes*); fy nannedd (*my teeth*); fy amrannau (*my eyelashes*); fy ael (*my eyebrow*).
3. Look at these pictures and make sentences like the example. e.g. He has
kicked me. a. Mae e wedi fy ngweld i (*He has seen me*); b. Mae e wedi fy
nhynnu i (*He has pulled me*); c. Mae e wedi fy nghlywed i (*He has heard me*);
ch. Mae e wedi fy ngwthio i (*He has pushed me*); d. Mae e wedi fy ngoglais i
(*He has tickled me*); dd. Mae e wedi fy mwrw i (*He has hit me*).
* Now, colour in the **Treiglad Trwynol:** ar ôl **fy** star on page 48.

Nawr, lliwia'r seren â
Treiglad Trwynol:
ar ôl **fy** arni ar
dudalen 48.*

Treiglad Trwynol: ar ôl yr arddodiad **yn**

Mae Dwli'n dweud:

> Mae treiglad trwynol ar ôl yr arddodiad **yn** (*in* yn Saesneg)

Mae'r **yn** yma'n dweud lle mae rhywun neu rywbeth: e.e. Mae Dwli **yng Ngh**aerdydd. Os edrychi di'n fanwl, mae **yn** yn newid hefyd. Mae'n cymryd llythyren gyntaf y treiglad trwynol sy'n ei ddilyn fel hyn:

Porthmadog – Mae Dwli **ym Mh**orthmadog.   Bangor – Mae Dwli **ym M**angor

Caerfyrddin – Mae Dwli **yng Ngh**aerfyrddin.   Glan-llyn – Mae Dwli **yng Ng**lan-llyn.

Dydy **yn** ddim yn newid pan fydd **t** a **d** yn treiglo'n drwynol, oherwydd mai **n** yw'r llythyren gyntaf y treiglad:

Treffynnon – Mae Dwli **yn Nh**reffynnon.   Dinbych – Mae Dwli **yn N**inbych.

Ond mae **yn** yn newid i **ym** o flaen enwau sy'n dechrau â **m**:

Meifod – Mae Dwli **ym M**eifod.

1. Edrych ar y lluniau hyn, ac ysgrifenna frawddeg i ddweud ble mae Dwli bob tro, fel yr enghreifftiau uchod. Cofia dreiglo'n drwynol a newid **yn**!

a. Mae Dwli yn nosbarth Mr Jones.

b. ————————————————

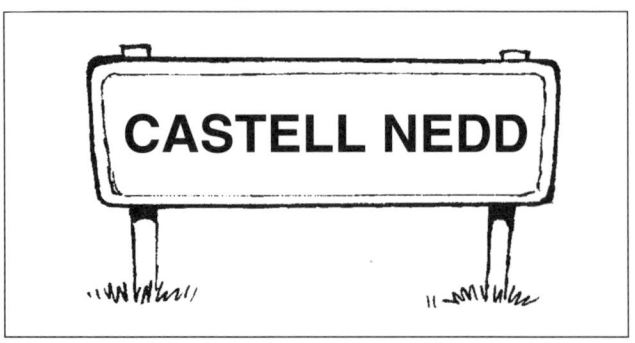

c. ————————————————

ch. ————————————————

d. _____ dd. _____

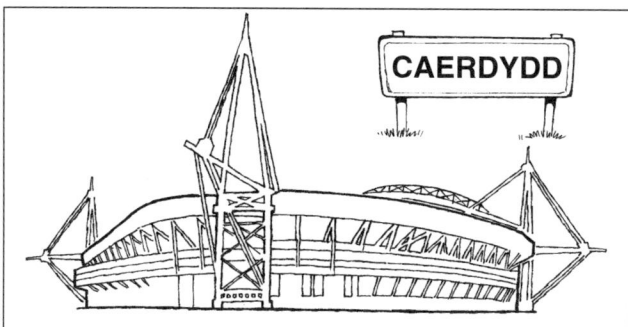

e. _____ f. _____

ff. _____ g. _____

DWLI'S HELP FOR PARENTS:

Dwli says: There is a nasal mutation after **yn** (*in*). This **yn** says where someone or something is: e.g. *Dwli is in Cardiff.* If you look carefully, you can see that **yn** changes as well. It takes the first letter of the nasal mutation that follows it like this: *Dwli is in Porthmadog; Dwli is in Carmarthen; Dwli is in Bangor; Dwli is in Glan-llyn.* The **yn** doesn't change when **t** and **d** undergo a nasal mutation, because **n** is the first letter of the mutation: *Dwli is in Treffynnon; Dwli is in Denbigh.* But **yn** changes to **ym** in front of nouns beginning with **m**: Dwli is in Meifod.

1. Look at these pictures, and write a sentence to say where Dwli is each time, as in the above examples. Remember the nasal mutations and the changes to **yn**!
a. Mae Dwli yn nosbarth Mr Jones (*Dwli is in Mr Jones's class*); b. Mae Dwli yng Nghymru (*Dwli is in Wales*); c. Mae Dwli yng Nghastell Nedd (*Dwli is in Neath*); ch. Mae Dwli ym Morfa Nefyn (*Dwli is in Morfa Nefyn*); d. Mae Dwli ym Mharc y Dreigiau (*Dwli is in the Dragons' Park*); dd. Mae Dwli yn Nhrawsfynydd (*Dwli is in Trawsfynydd*); e. Mae Dwli yng Nghaerdydd (*Dwli is in Cardiff*); f. Mae Dwli yng Nglyn Ebwy (*Dwli is in Ebbw Vale*); ff. Mae Dwli yn Ninbych-y-Pysgod (*Dwli is in Tenby*); g. Mae Dwli yng nghoedwig y fro (*Dwli is in the valley forest*).
* Now, colour in the **Treiglad Trwynol:** ar ôl yr arddodiad **yn** star on page 48.

Nawr, lliwia'r seren â **Treiglad Trwynol:** ar ôl yr arddodiad **yn** arni ar dudalen 48.*

Y Treiglad Llaes

Mae Dwli'n dweud:

Darllen y tabl yn uchel i weld pa gytseiniaid sy'n treiglo'n llaes, a sut:

Cytsain	Yn treiglo'n llaes i	Enghraifft
p	ph	**p**en > ei **ph**en
t	th	**t**rwyn > ei **th**rwyn
c	ch	**c**eg > ei **ch**eg

Felly, dim ond tair cytsain sy'n treiglo'n llaes. Efallai bydd TCP yn dy helpu i gofio pa rai ydyn nhw!

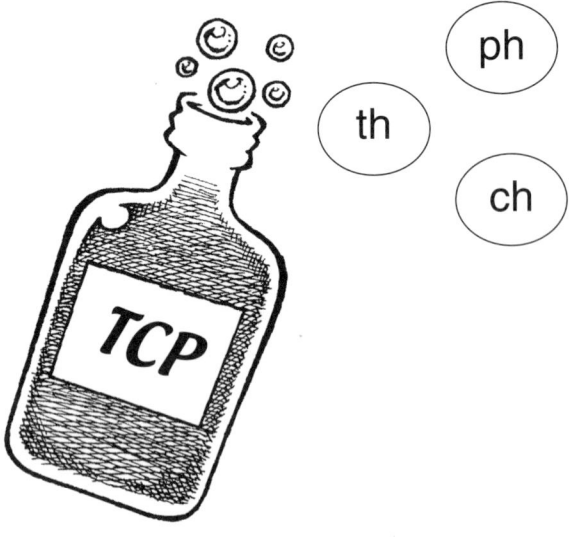

DWLI'S HELP FOR PARENTS:

Dwli says: Read the above table to see which consonants undergo an asphirate mutation, and how this occurs:

Table headings: *Consonant / Asphirate mutation to / Example.*

Examples are: *head > her head; nose > her nose; mouth > her mouth.*

Therefore, only three consonants undergo an asphirate mutation. TCP might help you to remember which ones they are!

* Now, colour in the **Y Treiglad Llaes** star on page 48.

Nawr, lliwia'r seren â **Y Treiglad Llaes** arni ar dudalen 48.*

Treiglad Llaes: ar ôl **a** (cysylltair)

Mae Dwli'n dweud:

Darllen y tabl yn uchel i weld pa gytseiniaid sy'n treiglo'n llaes, a sut:

Mae p, t, c, yn treiglo'n llaes ar ôl y cysylltair **a** (*and* yn Saesneg).

e.e. Ffrind a chyfaill Dwli yw Dyfrig.

1. Edrych ar y lluniau hyn a dilyn yr enghraifft. Cofia dreiglo'n llaes!

a. _____

b. _____

c. _____

ch. _____

d. _____

dd. _____

e. _____

DWLI'S HELP FOR PARENTS:
Dwli says: p, t, c undergo an asphirate mutation after the connector **and**. e.g. Dyfrig is Dwli's friend and companion.
1. Look at these pictures and follow the example. Remember the asphirate mutation! a. (tea and coffee); b. halen a phupur (*salt and pepper*); c. car a charafán (*car and caravan*); ch. cŵn a chathod (*dogs and cats*); d. cwpan a thebot (*cup and teapot*); dd. buwch a cheffyl (*cow and horse*); e. papur a phensil (*paper and pencil*).
* Now, colour in the **Treiglad Llaes: ar ôl a** (cysylltair) star on page 48.

Nawr, lliwia'r seren â **Treiglad Llaes:** ar ôl **a** (cysylltair) arni ar dudalen 48.*

Treiglad Llaes: ar ôl **ei** / **'i** / **'w** (benywaidd)

Mae Dwli'n dweud:

Mae treiglad llaes ar ôl **ei** / **'i** / **'w** os yw'n cyfeirio at ferch neu enw **benywaidd**.

e.e. Mae Sara'n dweud bod ei phensil hi ar goll.
Gwelais Elen a'i chi'n mynd am dro.
Mae Cara wedi gofyn i mi fynd i'w thŷ.

1. Mae popeth sydd fan hyn yn perthyn i Dela, ffrind Dwli. Edrych ar y lluniau, a threigla'n llaes ar ôl **ei** pan fydd angen.

ei ____char____

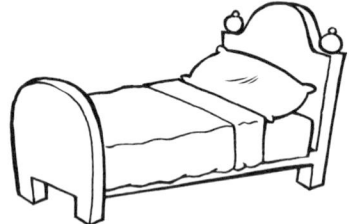

ei _____

ei _____

ei _____

ei _____

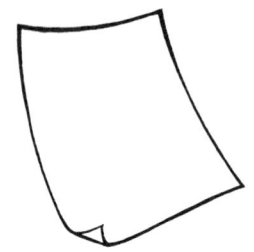

ei _____

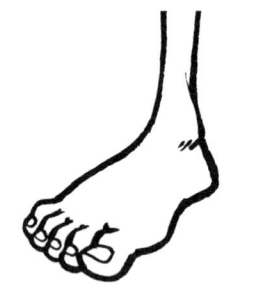

ei _____

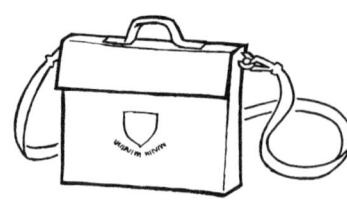

ei _____

ei _____

ei _____

ei _____

ei _____

2. Beth hoffet ti ei wneud gyda phob un o'r pethau sydd yma? Enwau benywaidd ydyn nhw, felly bydd angen treiglo'r berfenwau'n llaes ar ôl **ei**. Mae un enghraifft wedi'i gwneud yn barod i ti.

coginio: *Hoffwn i ei choginio hi*

torri: *Hoffwn i ei thorri hi*

bwyta: *Hoffwn i ei bwyta hi*

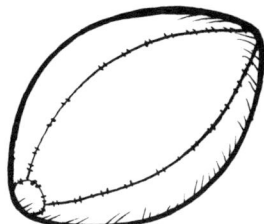

prynu: _____

taflu: _____

cicio: _____

torri: _____

taflu: _____

pwyso: _____

Nawr, lliwia'r seren â **Treiglad Llaes:** ar ôl **ei / 'i / 'w** (benywaidd) arni ar dudalen 48.*

43

Treiglad Llaes: ar ôl â

Mae Dwli'n dweud:

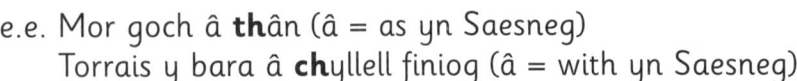

Mae treiglad llaes ar ôl
â bob amser

e.e. Mor goch â **th**ân (â = as yn Saesneg)
Torrais y bara â **ch**yllell finiog (â = with yn Saesneg)

1. Darllen y brawddegau hyn yn uchel a llenwa'r bylchau. Weithiau mae lluniau i'th helpu. Cofia dreiglo'n llaes!

a. Ysgrifennais y gwaith â _____.

b. Mae fy mrawd mor gryf â _____.

c. Yn y gêm rygbi, rhwystrodd William y chwaraewr â _____ arbennig.

ch. Roedd y llyfrau mor drwm â _____ ond roedd y papur mor ysgafn â _____.

d. Mae Iestyn yn casáu mathemateg â _____ perffaith.

dd. Mae calon rhai pobl mor galed â _____.

DWLI'S HELP FOR PARENTS:
Dwli says: There is always an asphirate mutation after **â** (as/with).
e.g. As red as fire. I cut the bread with a sharp knife.
1. Read these sentences aloud and fill in the gaps. Sometimes, there are pictures to give you a clue. Remember the asphirate mutation!
a. phensil – *I wrote the work with a pencil*; b. cheffyl – *My brother is as strong as a horse*; c. thacl – *In the rugby match, William stopped the player with an exceptional tackle*; ch. phlwm; phluen – *The books were as heavy as lead but the paper was as light as a feather*; d. chas – *Iestyn absolutely hates mathematics (lit: with a perfect hate)*; dd. charreg – *Some people's hearts are as hard as stone.*
* Now, colour in the **Treiglad Llaes:** ar ôl â star on page 48.

Lliwia'r seren â
Treiglad Llaes:
ar ôl **â** arni
ar dudalen 48.*

Treiglad Llaes: ar ôl **tri** a **chwe**

Mae Dwli'n dweud:

Mae treiglad llaes ar ôl **tri** a **chwe**

e.e. 300 = tri chant

£6.00 = chwe punt.
Chwe, nid chwech sy'n cael ei ddefnyddio cyn enw.

1. Ysgrifenna beth sydd yn y lluniau hyn bob tro – **tri** neu **chwe** yw'r gair cyntaf, a chofia dreiglo'n llaes! Mae un enghraifft wedi'i gwneud i ti.

a. _____

b. _____

642

c. _____

ch. _____

d. _____   dd. _____

e. _____   f. _____

DWLI'S HELP FOR PARENTS:
Dwli says: There is an asphirate mutation after tri (three) and chwe (six). e.g. 300 = three hundred; £6.00 = six pounds. Chwe, rather than chwech is used before a noun.
1. Write what's in these pictures each time. The first word is three or six, and remember the asphirate mutation! One example is prepared for you.
a. three dogs; b. chwe thomato (*six tomatoes*); c. tri thŷ (*three houses*); ch. chwe chant pedwar deg dau; d. tri phlentyn (*three children*); dd. chwe chath (*six cats*); e. tri cheffyl (*three horses*); f. tri thractor (*three tractors*).
* Now, colour in the **Treiglad Llaes:** ar ôl **tri** a **chwe** star on page 48.

Lliwia'r seren â
Treiglad Llaes:
ar ôl **tri** a **chwe** arni
ar dudalen 48.*

Adolygu: Treigladau a Rhifau

Mae Dwli'n dweud:

Rydyn ni wedi edrych ar lawer o dreigladau sy'n digwydd gyda rhifau.

Wyt ti'n cofio?
- Mae enwau benywaidd unigol yn treiglo'n feddal ar ôl un: un bunt, un fil
- Mae treiglad meddal ar ôl dau a dwy: dau gant, dwy fil
- Mae treiglad llaes ar ôl tri: tri chant
- Mae treiglad llaes ar ôl chwe: chwe phunt.
Cofia: does dim treiglad ar ôl tair a pedair!

1. Nawr mae Dwli'n mynd i roi her fawr i ti. Ysgrifenna'n llawn beth yw'r rhifau hyn a'r symiau hyn o arian.

    a.   1,236   _____

    b.   342   _____

    c.   £2.50   _____

    ch.   £6.78   _____

    d.   2,619   _____

    dd.   £3.99   _____

    e.   £1.86   _____

Lliwia'r seren â **Adolygu: Treigladau a Rhifau** arni ar dudalen 48.*

Rwyt ti'n un o sêr Dwli!

Beth yw Treigladau?

Y Treiglad Meddal

Treiglad Meddal ar ôl ei / 'i / w (gwrywaidd)

Treiglad Meddal ar ôl Rhaid i mi; Cyn i mi; Ar ôl i mi; Rhag ofn i mi; Er mwyn i mi

Treiglad Meddal: ansoddair ar ôl yn / 'n

Treiglad Meddal ar ôl dy

Treiglad Meddal ar ôl i ac o

Treiglad Meddal enw ar ôl un

Treiglad Meddal: enw benywaidd unigol ar ôl y fannod (y / 'r)

Treiglad Meddal: enw benywaidd ar ôl un

Treiglad Meddal: ansoddair ar ôl enw benywaidd

Treiglad Meddal ar ôl rhai arddodiaid

Treiglad Meddal ar ôl dau a dwy

Geirfa a'r Treiglad Meddal

Y Treiglad Trwynol

Treiglad Meddal: gwrthrych ar ôl berfau cryno: gwelais, cafodd ac ati

Treiglad Trwynol: ar ôl yr arddodiad yn

Y Treiglad Llaes

Treiglad Llaes: ar ôl a (cysylltair)

Treiglad Trwynol ar ôl fy

Treiglad Llaes: ar ôl â

Treiglad Llaes: ar ôl ei / 'i / 'w (benywaidd)

Treiglad Llaes: ar ôl tri a chwe

Adolygu: Treigladau a rhifau

DA IAWN TI!